RELUZIR
ENTRE BRILHOS E SOMBRAS

Editora Appris Ltda.
1.ª Edição - Copyright© 2023 da autora
Direitos de Edição Reservados à Editora Appris Ltda.

Nenhuma parte desta obra poderá ser utilizada indevidamente, sem estar de acordo com a Lei nº 9.610/98. Se incorreções forem encontradas, serão de exclusiva responsabilidade de seus organizadores. Foi realizado o Depósito Legal na Fundação Biblioteca Nacional, de acordo com as Leis nᵒˢ 10.994, de 14/12/2004, e 12.192, de 14/01/2010.

Catalogação na Fonte
Elaborado por: Josefina A. S. Guedes
Bibliotecária CRB 9/870

O482r
2023
	Oliveira, Alice Venturini
	    Reluzir : entre brilhos e sombras / Alice Venturini Oliveira. – 1. ed. – Curitiba : Appris, 2023.
	    73 p. ; 21 cm.
	
	    ISBN 978-65-250-5069-0
	
	    1. Memoria autobiográfica. 2. Espiritualidade. 3. Câncer. 4. Família. I. Título.
	
	    CDD – B869.3

Appris editora

Editora e Livraria Appris Ltda.
Av. Manoel Ribas, 2265 – Mercês
Curitiba/PR – CEP: 80810-002
Tel. (41) 3156 - 4731
www.editoraappris.com.br

Printed in Brazil
Impresso no Brasil

Alice Venturini Oliveira

RELUZIR
ENTRE BRILHOS E SOMBRAS

Appris editora

FICHA TÉCNICA

EDITORIAL	Augusto Coelho
	Sara C. de Andrade Coelho
COMITÊ EDITORIAL	Marli Caetano
	Andréa Barbosa Gouveia (UFPR)
	Jacques de Lima Ferreira (UP)
	Marilda Aparecida Behrens (PUCPR)
	Ana El Achkar (UNIVERSO/RJ)
	Conrado Moreira Mendes (PUC-MG)
	Eliete Correia dos Santos (UEPB)
	Fabiano Santos (UERJ/IESP)
	Francinete Fernandes de Sousa (UEPB)
	Francisco Carlos Duarte (PUCPR)
	Francisco de Assis (Fiam-Faam, SP, Brasil)
	Juliana Reichert Assunção Tonelli (UEL)
	Maria Aparecida Barbosa (USP)
	Maria Helena Zamora (PUC-Rio)
	Maria Margarida de Andrade (Umack)
	Roque Ismael da Costa Güllich (UFFS)
	Toni Reis (UFPR)
	Valdomiro de Oliveira (UFPR)
	Valério Brusamolin (IFPR)
SUPERVISOR DA PRODUÇÃO	Renata Cristina Lopes Miccelli
REVISÃO	Andrea Bassoto Gatto
PRODUÇÃO EDITORIAL	Bruna Holmen
DIAGRAMAÇÃO	Renata Cristina Lopes Miccelli
CAPA	Eneo Lage

A Jesus, meu guia. À minha família da infância, minha origem, meu pai, Francisco, minha mãe, Alcineia, e meu irmão, Rafael. Ao meu irmão, Rian. À minha família da vida adulta, meu marido, Wagner e minhas filhas, Mari e Helena, que caminham ao meu lado. E a todos que forem terreno fértil para esta semente do bem, voem alto.

PREFÁCIO

Hoje terminei de ler uma história na qual tive a oportunidade de ouvir antes mesmo de Reluzir no papel.

Criar a magia de voltar ao passado com uma lanterna na mão, ressignificar a sagrada família, desmistificar o dito perfeito e caminhar pelo obscuro com o personagem que também foi pura luz é a ousadia de Alice ao escrever este livro.

Nome herdado da avó, carregava a doçura de uma criança inteligente com boas notas e muito paparicada por todos. Característica que custou caro a sua fé. Afinal, de que adiantava tanto encantamento se ela não conseguiu evitar o assassinato do tio Lelé.

Sim, foi revivendo a pressão de ser "certinha" que por muito tempo barganhou com Deus, mas de nada adiantou. Ainda não era esse o caminho!

Já imaginou não poder apegar-se à própria fé?

Foi chegando ao limite de sua dignidade que as histórias foram ganhando um novo significado, e quem diria que o Câncer seria a doença mensageira para caminhar nessa estrada em que sombra e luz sempre andaram lado a lado.

A leitura fez-me chegar à conclusão de que este livro não somente é uma fonte de inspiração e coragem, mas deve ser considerado um despertar para aqueles que desejam entender o verdadeiro significado da passagem bíblica: "Conhecereis a verdade e a verdade vos libertará" (João 8. 32).

Nada nos acontece por acaso. Deus não nos permite passar por provações para sofrermos, mas para ganharmos resistência e força perante a vida. Esta obra é um incentivo a Reluzir nosso Eu mais obscuro. Alice leva-nos a rever nossas dores com mais leveza e, assim, alinharmo-nos à verdadeira liberdade do processo evolutivo.

Que você desfrute da leitura tanto quanto eu.

Mayara Gomes
Terapeuta integrativa

SUMÁRIO

PREFÁCIO..6
INTRODUÇÃO..11

CAPÍTULO 1
O CAMINHO...13
   1.1 MEU NOME..13
   1.2 NÓS QUATRO..14
   1.3 OLHAR PARA TRÁS.......................................16
   1.4 SAINHA BRANCA..17
   1.5 O BILHETE...17
   1.6 OS IRMÃOS..20
   1.7 EU, ELE E O DIABO.......................................23
   1.8 MEDO DA NOITE..24
   1.9 ALUNA NOTA 10..25
   1.10 A DERROTA...28
   1.11 ALICE LOUCA..30

CAPÍTULO 2
A VERDADE...32
   2.1 MULHERES SUPERPODEROSAS.................33
   2.2 ALICE MÃE..35
   2.3 FALAR PELO SILÊNCIO..............................37
   2.4 AMIGAS DA VIDA..40
   2.5 MEU MILAGRE...41
   2.6 COMO ASSIM?!..42
   2.7 O LIMITE DA DOR FÍSICA..........................44
   2.8 MEDO DA NOITE..46
   2.9 ALICE MÃE NOVAMENTE............................47
   2.10 O CABELO..48
   2.11 VELHAS FERIDAS......................................49

2.12 A DOENÇA DO PAPAI 51
2.13 RECONCILIAÇÃO 52
2.14 O CÉU DESCEU SOBRE NÓS 54
2.15 O ÚLTIMO ABRAÇO 58
2.16 DESEMBOLANDO OS NÓS 56
2.17 A PARTIDA 59
2.18 O LUTO 60
2.19 A LIBERTAÇÃO 61
2.20 AO AVESSO 63

CAPÍTULO 3
A VIDA 65
   3.1 EXPERIMENTAR A LIBERDADE 66
   3.2 NÓS QUATRO 67
   3.3 RELUZIR 69
   3.4 NÃO É O FIM 70

INTRODUÇÃO

Este livro retrata a maneira como eu percebi a minha vida até então. Não culpa, não julga ou desaprova ninguém. Apenas expressa a maneira como eu enxerguei as experiências de que participei para me conhecer um pouco melhor, aceitar-me e amar-me.

Nada impede outras formas de ver o mesmo cenário, com outros olhares e outros personagens. É possível ressentir o momento passado com novos significados a cada novo olhar lançado. Ainda hoje, quando reconto uma história antiga, surgem novos sentimentos.

Se quando nos é dado novo foco a eventos passados acendêssemos uma lanterna para enxergar melhor o que aconteceu e, assim, ver detalhes completamente novos, cores mais vibrantes reluziriam. Mas se clareamos apenas o passado com essa lanterna, o futuro pode ficar no breu e fica difícil caminhar no escuro. Acenda o seu presente, olhe com carinho para o passado e com esperança para o futuro. O caminho é a verdade da vida!

Quando refletimos a luz que brilha em nós, inevitavelmente nos iluminamos, quem está ao nosso redor pode nos enxergar de forma diferente e podemos formar sombras, que nos seguem por onde formos. Em algum momento da nossa jornada poderemos acolher nossos brilhos e nossas sombras. Assim, parece mais simples caminharmos sem nos assombrarmos com alguma face de nós mesmos, acolhendo com amorosidade cada "eu" que nos compõe.

Muitos aprendizados ainda estão por vir. Leva um tempo para a ficha cair e despertar o que estava adormecido. Este livro incentiva o autoconhecimento, o perdão, o amor próprio e, acima de tudo, a gratidão!

Reluzir é "rebrilhar", é conhecer a luz, afastar-se dela e depois reencontrar-se. É sentir o peito em chamas, depois em cinzas e, por fim, reluzir como uma fênix.

CAPÍTULO 1

O CAMINHO

...

A primeira palavra foge. São tantas palavras que desejam ser ditas, elas misturam-se, correm de um lado para o outro como um formigueiro em caos.

São tantas coisas a dizer que não é fácil começar. As palavras formam um infinito, em que não se vê começo e fim, apenas o caminho! ∞

E nesse caminho de pedras, luzes e desvios, uma menininha, meiga, tímida e incomum – Alice. Recebi esse lindo nome em homenagem à minha avó paterna, falecida dois anos e dois dias antes de eu nascer.

1.1 MEU NOME

Na escola não conheci outras "Alices" e isso fez surgir dentro de mim a sensação de que eu era especial. Eu sentia isso pulsando fortemente em mim. Amava meu nome... Alice! Sentia uma identidade agradável aos meus ouvidos, como se fosse um prêmio. E, ainda, sentia-me conectada ao passado por ter recebido o nome da minha avó que eu nem mesmo conheci.

Eu sabia que não precisava ser igual a ninguém... Sentia-me diferente e tudo bem! Pelo menos na maior parte do tempo... Porém algumas vezes era bastante solitário e angustiante.

Mas eu gostava da minha caverna escura e fria. Era segura e aconchegante. Conversava com meus pensamentos e inventava um futuro lindo. Uma criança distraída, obediente e cheia de imaginação.

E foi assim que me tornei amiga de Deus. Em meio à solidão, encontrei n'Ele um amigo próximo e isso me dava a certeza de que eu podia escalar montanhas e chegar longe. Eu escrevia para Ele e sentia-me muito conectada. Sempre gostei muito de escrever. Era um alívio para as emoções e, de alguma maneira, sentia-me ouvida.

Entretanto algumas vezes sentia a estranha sensação de que não pertencia a este mundo, de que eu não me encaixava. Uma gastura de olhar ao redor e não me sentir em casa.

1.2 NÓS QUATRO

Minha mãe, verdadeira como uma pedra rara, era uma pessoa simples e com grande sabedoria, especialmente em relação às pessoas. Com seu sorriso aberto e conversa fácil, cativava as pessoas naturalmente. Era brigona também, baixinha e nervosa.

Ela era uma mulher ativa no trabalho e juntas cuidávamos do bar do papai. Ela preparava o caldo de mocotó e os salgadinhos para a estufa e eu, ainda bem pequena, cuidava do caixa, fazia as vendas e atendia os clientes. Sabia o nome de todas as pingas. *Jurubeba, carquejo, boldo, cipó cravo... (kkkkkk).*

Meu pai era alegre e obscuro... Duas pessoas dentro do mesmo homem, uma de luz e uma de escuridão. Por isso eu o amava tanto e tinha medo ao mesmo tempo. Ele era também um homem do trabalho, muito honesto e provedor do lar.

Nosso escudo foi nos tornarmos amigas, eu e mamãe, para nos protegermos dos nossos monstros, reais e imaginários...

E quando eu tinha 8 anos chegou um irmãozinho, barulhento, bagunceiro e alegre, que em alguns momentos nos ensinou a substituir o medo pela alegria. *Rafael, nome de anjo!*

Essa era a minha família, que eu amava e protegia, meu sentido de viver. Nós quatro juntos.

E nesse arranjo eu pensava em um mistério. Por que devíamos estar juntos em família? O que Deus tinha planejado para nós? *Algo grandioso, eu sabia!*

Existe muito mistério em cada pedra, em cada folha e em cada grão de areia no caminho, por isso é preciso olhar para trás e aprender a rever com novo olhar.

Nada é ao acaso. Na verdade, o acaso é um disfarce perfeito da ironia da Vida para promover nossos encontros e reencontros. Olhando de perto, às vezes não faz sentido. Olhando de longe... Tudo está propositalmente conectado.

1.3 OLHAR PARA TRÁS

A estrada é longa e curta... feia e bonita... verde e árida... com muitas pedras e poeira... com muitas paisagens e travessias... com dias de sol e dias de chuva. Mas é lindo viver! É infinito dentro do intervalo finito! *Assim como os números!*

É preciso olhar para trás algumas vezes e ver tudo de maneiras diferentes. Desvendar nossos próprios enigmas. Porque sempre é possível lançar um novo olhar. Dessa forma, temos infinitas vidas dentro de uma mesma vida.

Olhei para trás e vi uma infância feliz, criativa, de brincadeiras na rua, pés descalços, pique-esconde, pique-bandeira, navio pirata imaginário e tantas e tantas brincadeiras sem fim... *Só mais 10 minutos, mãe!*

Olhei para trás e vi-me como uma criança responsável e séria demais, com notas altas e perfeccionista, que cuidava dos pais, que aconselhava a família, ensinava as lições para as amigas e sentia a obrigação de harmonizar o lar. *Pacificadora.* Mas que se sentia triste e solitária. Sonhava com um grande amor que pudesse curar a dor do seu coração.

Sempre atraí as pessoas que buscavam um acalento no momento da tristeza, um colo, mas, estranhamente, era esquecida nos momentos de alegria. *Poxa!*

Fugia dos problemas de alcoolismo e violência do pai obscuro nos estudos. Carregava nos ombros o peso das expectativas de todos ao redor... Tinha que ser brilhante. *Era assim que eu me sentia.*

1.4 SAINHA BRANCA

Olhei para trás e me vi lindinha, naquela roupa nova, a saia branca rodada, sentindo-me maravilhosa. Não queria trocar de roupa por nada. Eu estava confiante e feliz. *Maravilhosa!*

Na hora da brincadeira, escondi-me num canto atrás de um arbusto e eles vieram. Eram dois. Seguraram-me pelas mãos, apertando meus braços contra o chão, eu não conseguia me soltar... Precisava pensar rápido. Parecia que eu não conseguia gritar, a voz ficou fraquinha.

Um deles levantou lentamente a minha saia e eles ficaram eufóricos ao verem a minha calcinha. Nesse momento, vi-me sem saída. Então, no desespero de querer me soltar, joguei com as moedas que eu tinha. Sem gritar disse friamente: "Se me soltarem AGORA prometo não contar a ninguém, mas se continuarem vou contar ao meu pai e ele irá atrás de vocês. Ele já matou um homem".

Eles arregalaram os olhos e, rapidamente, largaram-me. "Criança boba. Era só brincadeira". E correram para longe, brincando como se nada tivesse acontecido. Depois disso, eu preferi não usar saias curtas e fingi que isso nunca tinha acontecido.

O pai obscuro salvou-me. Irônico, não?! A Vida brinca conosco.

1.5 O BILHETE

Essa parte da história não está nas minhas memórias, mas foi contada tantas vezes que quase posso me lembrar. Interferiu na minha vida e na da minha família de forma definitiva.

Todas as vezes, absolutamente TODAS AS VEZES que o obscuro aparecia, ele falava do bilhete.

Mas que bilhete pode causar tanto ódio? Como poucas palavras escritas num papel podem causar tanta destruição?

As palavras têm poder. A mente tem poder. As palavras podem transformar a mente.

Pelas inúmeras vezes que ouvi papai aos gritos, percebi que, para ele, esse bilhete continha em sua existência um desejo de vingança frustrado, que colocava à prova a sua honra. E nada era mais importante do que a honra dele. Isso ele deixava bem claro!

Em sua pirâmide de prioridades, a honra ocupava o topo absoluto. O amor e o perdão estavam em planos inferiores. *E nisso éramos diferentes! Eu não compreendia bem.*

Certa vez, naquele lugar onde moravam papai e mamãe, recém-casados, um lugar pequeno, onde todo mundo sabia da vida de todo mundo, um homem encantou-se por aquela bela mulher. Ela era pequena e frágil, tão jovem e sorridente, condenada a um destino de violência e sofrimento pelo marido agressivo e mulherengo. Todos tinham pena dela e do futuro infeliz prometido.

O homem criou coragem e colocou um bilhete na mão dela. Estava escrito algo do tipo "Vamos fugir juntos". Ele estava disposto a correr o risco e levá-la embora com ele.

Ela não foi.

Ficou apavorada com a situação. *O que fazer? Melhor guardar segredo? Será certo uma mulher casada esconder coisas do marido?*

A cabecinha jovem e ingênua ficou enlouquecida. Então foi pedir conselho a uma grande amiga, que conhecia bem o temperamento do meu pai. Essa amiga disse, sem dúvidas: "Queima e não fala nada. Ele é capaz de uma loucura, até de matar esse homem".

Mamãe estava decidida a não falar, mas o forasteiro partiu e ela e papai estavam vivendo bem. Ele estava com todo vigor no trabalho e parecia mais tranquilo. Então pareceu seguro – e certo – contar e encerrar esse assunto.

Ele chegou da roça para almoçar. Ela aproximou-se e contou. Ele não expressou nenhuma reação, nem ligou muito. *Ufa! Deu tudo certo, estou livre de carregar esse peso.*

Mas contar para o pai de luz também era contar para o pai obscuro. E quando ele apareceu, as coisas complicaram-se. Para ele, ela tornou-se desonesta porque tirara dele a possibilidade de lavar sua honra com o sangue do homem que desejara sua mulher.

Então ela pagou. Imagino-o socando o pequeno rosto dela e marcando o seu corpo com hematomas. Ela caiu desmaiada. *Um pensamento difícil de suportar...*

Sua fúria interior voltou-se toda contra ela. Por todo o tempo em que estiveram juntos, não houve uma briga em que esse bilhete não fosse cobrado.

Arde a injustiça de saber que uma pessoa foi chamada de "desonesta" justamente pelo contrário, por ter sido honesta. Concluo que alguns segredos devem ser somente nossos.

A ré confessa foi julgada e condenada no instante em que revelou seu segredo. Ele foi o juiz e o carrasco, em vinte e um anos de tortura. Prisioneira dentro da própria casa, ela não conhecia a liberdade.

1.6 OS IRMÃOS

Naquele lugar, Patrão-mor, no interior de Marilândia, viviam poucas pessoas, mas todos conheciam o meu avô "Clidio". Ele era o dono da venda. A condição financeira da família era boa. Os filhos trabalhavam na propriedade rural, incluindo meu pai, que conheceu a vida adulta quando ainda era criança, sendo incentivado a trabalhar, a beber e a fumar com cerca de 10 anos de idade.

Papai era barganhador, sempre negociando um passarinho ou um porco desde bem pequeno. "Homem tem que ter o próprio dinheiro", era a lei que ele conhecia. *Espírito de comerciante.*

Entre os irmãos, tinha uma ligação mais próxima com o tio Lelé. Eram os filhos mais novos, amigos de farras e bebedeiras. Estavam sempre juntos. Eram melhores amigos. Quando um arrumava uma briga, o que era bem frequente, o outro tomava as dores. Era um show de porrada. Todos já conheciam a fama dos dois. Bebidas, brigas e mulheres. *Foi assim que me contaram.* Eram cúmplices e estavam sempre juntos.

Minha tia recebeu a notícia do assassinato de Lelé e ficou arrasada. *Como o Chico não evitou isso?! Devia ter protegido o irmão desse cruel assassino.*

Com o coração desolado pela morte do irmão caçula, pegou um ônibus para retornar para casa e entender melhor a tragédia. Foi, então, que ela ouviu a conversa de duas passageiras próximas... "Soube do caso do irmão que matou o outro?". Foi ainda pior para ela descobrir dessa maneira.

Vamos à história... Eu não me lembro porque só tinha 4 anos. São tantas lacunas que preenchi com a minha rica imaginação que chego a duvidar se foi realmente da forma como vou contar. Mas é dessa maneira que me "recordo", juntando recortes de histórias que ouvi e guardei do meu modo. O quebra-cabeças que, com certeza, transformou nossas vidas.

Era feriado, 7 de setembro, e papai matou um porco e foi preparar a carne. A faca precisava estar bem afiada para esse trabalho. Eles bebiam e conversavam, era uma festa matar um porco. Certeza de tira gostos e bebidas.

Meu tio estava embriagado e começou a derrubar as coisas, a tropeçar e a fazer brincadeiras desagradáveis, coisa comum dos bêbados. Meu pai, que também tinha bebido bastante, estava concentrado no trabalho, sem muita paciência para as bobeiras do meu tio. As maiores tragédias sempre acontecem por futilidades. *E assim aconteceu...*

As ofensas começaram a elevar-se e a tomarem um teor agressivo. Ambos tinham temperamento forte. Uma discussão estupida. Então mamãe teve a ideia de me buscar no berço, pois eu era o maior ponto de intercessão dos dois. Ela acreditou que minha presença poderia mudar aquele clima de tensão e briga. *Vou buscar Alice no berço.*

Foi tudo muito rápido. Se papai não estivesse com aquela faca, teria sido só mais uma briga acalorada entre os dois... das muitas que eles tiveram. Mas dessa vez nossos destinos ficariam marcados com sangue. *Uma tragédia!*

Quando ela saiu na porta comigo no colo foi difícil entender o que tinha acontecido, foi duro acreditar naquela realidade. *Meu Deus! Que loucura! Ele está morto!*

Morto pelas mãos do irmão que ele tanto amava. O obscuro foi cruel, não houve possibilidade de defesa. A lâmina penetrou o corpo e esvaiu a vida em segundos. Foram vários golpes.

A ira desfez-se e o obscuro partiu. Com as mãos ensanguentadas, papai desesperou-se com o que fora capaz de fazer. Ele foi até a casa do meu padrinho e gritou "AJUDA! AJUDA! ALICE PRECISA DE UM MÉDICO!". E, então, ele sumiu na mata e correu sem parar, por horas, por quilômetros, sozinho, sem rumo, sem fim.

Toda honra se lava com sangue?

Ele buscou justificativas para seguir em frente. Ficou dias sumido na mata. Regurgitando os fatos. Segundo seu senso de justiça, fez o que precisava ser feito, mas que custou muito caro para o seu coração. O fato irreversível de não poder mudar o passado. *Estava feito.*

O nosso reencontro foi, no mínimo, impressionante, parecia um bicho, desfigurado, cabeludo, transtornado, pedindo por mim e pela mamãe. Um olhar que suplicava perdão. *Assim eu soube.*

Anos depois houve julgamento – legítima defesa, o obscuro saiu impune, validando seu esquema mental que provava para si mesmo que ele era inocente. *Seria certo isso, o obscuro não ser punido? Seria certo o pai de luz pagar pelo obscuro?* Não sei dizer. E por que um vazio ficou por dentro? Eu imagino o tamanho desse vazio... que nenhum cigarro, nenhum prazer e nenhuma bebida pôde um dia preencher.

O câncer veio para preencher esse espaço? Ocupar esse vazio alimentado pelo remorso? Difícil saber. Às vezes, penso que sim.

1.7 EU, ELE E O DIABO

Olhei para trás e vi-me ao lado do sofá, pequena, sozinha, escutando a destruição, barulhos de vidros quebrando, juras de morte. As lágrimas corriam como cachoeiras dos meus olhos, molhavam minha blusa. Eu escutava a palpitação do meu coração, que batia tão forte que doía, e eu me sentia nas profundezas do medo.

APAVORADA.

Foi muito assustador. Uma sensação tão forte que me tirou as pernas e os movimentos... Fiquei petrificada. Sentada no chão sem conseguir fazer mais nada além de chorar. *Hoje eu vou morrer!*

Meu pai obscuro bêbado discutia com o diabo... E quebrou tudo na minha frente, colocou a faca na cintura e ameaçou a minha mãe de morte. Ela correu e ele me trancou em casa. Eu, ele e o diabo... Então não sei se adormeci ou apaguei de medo naquela noite sem fim... Tão pequena e frágil entre cacos e urina... Tudo fedia a desespero.

Todas as nossas coisas quebradas, eu me sentia quebrada, não sabia o que fazer, e pensava: *se ele morrer tudo isso acabará*. E esta foi a minha oração. *Deus, leva meu pai para junto de Você e acaba logo com isso!*

Quando abri os olhos escutei o silêncio... e vi o rastro da tempestade. Parecia que tinha passado um tornado dentro da minha casa – pratos quebrados, copos e tudo que fosse possível de quebrar. Ele até tentou virar a mesa, mas já estava cansado e soltou-a... A pedra trincou de um lado ao outro.

Olhei para a janela e vi o formato de uma figura... um anjo... minha mãe, corajosa, tentando ver-me de fora para dentro. Houve um alívio instantâneo, o obscuro tinha ido embora. *Graças a Deus estou salva. Sobrevivi.*

Olhei para trás e vi meus sonhos de curar qualquer dor com amor. Vi minha mãe limpando a sujeira... e abracei meu pai. O perdão era tão fácil e natural no meu coração. Aquele menino perdido, sentia pena, desejo sufocante de resgatá-lo das sombras. Perdido entre um cigarro e outro... e outro. Sofrendo a vergonha de ter tirado a vida do próprio irmão, que tanto amava, num momento de fúria implacável do obscuro. Aliviando o peso do remorso no álcool, no cigarro e na promiscuidade. *Eu precisava salvá-lo.*

Tão diferente do pai alegre, bondoso, honestíssimo e muito trabalhador. Ajudava com alegria qualquer um que cruzasse seu caminho, capaz de irradiar luz pela presença de espírito, pelas gargalhadas altas e pela voz forte! Autoconfiança invejável, "o bonitão", chamava-se sem modéstia.

Ele tinha uma disposição sem fim, lealdade para ajudar os amigos e jeito simples, tão admirável! No abraço, eu sentia esperança! *Eu vou conseguir salvá-lo.*

Bastava um abraço dele e eu esquecia por um instante sua face obscura, como se nunca tivesse existido ou como se não precisasse mais existir, nunca mais, daquele momento em diante! *Agora tudo vai ser diferente!* Mas nada mudava.

1.8 MEDO DA NOITE

Olhei para trás e vi o meu medo da noite... *Será que quem vem para casa hoje é meu pai de luz ou o obscuro?*

Então, numa rotina de terror, eu e minha mãe escondíamos as facas e rezávamos abraçadas se ele começava a demorar a chegar.

Monstros reais e imaginários aterrorizavam-nos quase todas as noites. Só de imaginar me dava dor de barriga. Sempre fui assim: se passasse por alguma situação de nervosismo, tinha que correr para o banheiro, como se o meu emocional tivesse um botão que acionava o meu intestino.

O medo da noite marcou minha criança interior e tornou-se um padrão. Eu brincava até bem tarde na rua para que demorasse a hora de entrar. Não sabia o que encontraria dentro de casa. O medo da incerteza, a insegurança, eram ainda piores do que a realidade em si.

Curiosamente... Depois vamos voltar a esse assunto, o medo da noite.

1.9 ALUNA NOTA 10

Olhei para trás e vi dias de sol, meus pais orgulhosos com cada elogio dos meus professores e pelas palavras: "Essa menina vai longe!". Viciei-me na sensação de vê-los felizes por meus resultados. Isso me trazia para a paz que eu sonhava em viver, como se fosse uma troca inconsciente com Deus: eu faria o meu melhor para ser recompensada pela Vida com a restauração da minha casa. *Vida, vida, estou fazendo a minha parte. Faça a sua, ok?*

Queria sempre mais dessa sensação de paz, então tornei-me competitiva e perfeccionista. Não bastava ser boa, tinha que ser a melhor. E comecei a juntar prêmios de matemática, poesias, notas altas e aprovações. Sem perceber, tornei-me intolerante ao erro e autojulgadora. *Ninguém simpatiza muito com a certinha!*

Mas é fácil seguir em frente quando existe uma obstinação que vem de dentro, quando você tem certeza de que precisa ir numa direção. Eu sabia que queria ser uma mulher independente, poderosa, destacar-me profissionalmente, ir além. Meu acordo com Deus estava bem claro. *Para mim, pelo menos!*

Nada me impediria. Eu seguia confiante de que meu plano era infalível. Eu desejava o sucesso. Eu esperava um grande amor que compensasse toda dor que eu suportava. Tão nova e já saber o sentido da vida. *Garota esperta! Será mesmo?*

Descobri depois que não era bem assim.

E apesar de sentir a dor da solidão, de ter dificuldades de me relacionar com as pessoas da minha idade, sempre tinha alguém que me fazia bem. Um anjo ao meu redor de carne e osso. A Vida foi cuidadosa com isso. *Na verdade, nunca estive só.*

Como era difícil enxergar isso antes. Hoje eu olho para trás e vejo com tanta facilidade. Foram muitos os que estiveram na minha vida para me oferecer luz e agradeço pela minha sorte.

Um professor.

Uma amiga atenciosa.

Colegas da rua.

Uma família presente e calorosa.

Um colega de faculdade.

Um namorado divertido.

Um tio que não me deixou sem par na valsa de formatura.

Uma tia que me acolheu em sua casa.

Outra tia que me ajudou com a mudança.

Amigas professoras.

Uma amiga terapeuta.

Amiga do pilates.

Amiga do trabalho.

Um marido seguro.

Amigas do mestrado.

Amigos da praia.

Um pai que me amava...

Uma mãe cheia de energia.

Um irmão alegre.

E se a minha memória fosse um pouco melhor, falaria muitos outros.

E continuei olhando para trás e me marcou um menino levado, brincalhão e atentado... Meu irmão, Rafael, conversando alto e dizendo com força o que queria e o que não queria, e eu não entendia aquela facilidade de dizer "não". *Como ele consegue? Parece fácil.*

Eu falava baixo e apartava as intrigas dele com os coleguinhas da rua. Fazíamos parte da turma, muito unidos e felizes, brincando de queimada perto da feira. Eu era boa de corrida... e ele era bom em arrumar encrenca! *Danadinho!*

O obscuro era muito mal com minha mãe e meu irmão. Ele dizia que o Rafael não era filho dele, que eu era boa porque ele me educava e Rafael era desbocado porque mamãe não dava limites. *Eu não queria que fosse assim.*

Em alguns momentos difíceis eu conseguia entrar no meio e acalmar o obscuro, outras vezes não. *Algumas vezes, eu o dominava pela minha submissão, mas nem sempre. Outras vezes nada conseguia impedi-lo.*

Uma vez, ele estava jogando baralho e Rafael começou a pedir algo com insistência. Papai zangou-se e queimou o braço dele com um cigarro. *Triste lembrar...*

E como a Vida é cheia de graça e ironia, à medida que Rafael crescia, mais se parecia fisicamente com ele. *Um verdadeiro clone.*

1.10 A DERROTA

Olhei para trás e vi uma jovem frustrada pela decepção da derrota, fazendo o divórcio dos pais, resgatando a mãe do abismo da morte, do soco no rosto marcado. *Agora chega, perdi tudo, preciso aceitar que acabou! Quem será a próxima vítima do obscuro? Minha mãe? Meu irmão? Não podemos mais correr esse risco. Minha casa desfez-se.*

Aconteceu assim... Minha mãe não saía de casa, ficava presa como uma refém. Naquele dia, ela decidiu que iria ao casamento do filho da vizinha, amigas de muitos anos. E outra amiga encorajou-a: "Impossível ele achar ruim. Não tem nada de mais". Papai não quis ir. "Vai você", ordenou.

Porém o obscuro apareceu e covardemente esperou-a voltar para casa. Quando ela estava sozinha, atacou-a, insultou-a, disse que a vira conversando com outros homens. "Piranha!". *Foi injusto!*

Ele gritou, xingou e bateu nela de novo. Deu-lhe um soco no rosto que a fez desmaiar. E, então, de novo. Os vizinhos não ajudaram, todos tinham medo do obscuro. Eu não estava lá, morava fora para estudar. Só fiquei sabendo no outro dia. *Chega!*

Foi a maior decepção da minha vida juvenil. Acabou com a minha ilusão de que tudo havia ficado melhor após a minha ausência. Parecia que as coisas estavam mais calmas, mas era apenas omissão. Ela não me contava o que estava acontecendo porque não queria "atrapalhar" meus estudos. *Eu queria tanto me iludir que as coisas estavam melhores... Iludi-me.*

Todos os dias eu fazia o trajeto a pé até a faculdade. Para chegar mais rápido, eu atravessava o parque da Pedra da Cebola. Era meu lugar mágico, que me transportava para a paz que eu sonhava em viver. Passar por ali fazia parecer possível ser feliz. Um pedacinho de paraíso no meio da cidade. Era como se eu atravessasse um portal e chegasse a outro mundo, um lugar sem problemas e preocupações. Lá eu me sentia segura, livre, e me permitia sonhar. Ali eu respirava a pura paz e parecia que tudo estava melhor e meu coração sorria. *Eu lamentei por não ser real. Por durar tão pouco... Mas de toda forma, ajudou-me a passar por toda aquela solidão que morava no meu coração.*

A ligação que eu recebi arrancou-me a paz e trouxe-me de volta à realidade que eu negava. Revoltei-me, fiquei brava com Deus por oferecer amor e receber dor. O amargor de reconhecer que não dava mais. A casa fora inundada e eu não consegui salvá-la. Eles ficaram lá, até o fim de tudo, mamãe e Rafael, sofrendo e rezando juntos, sem mim... *Eu perdi feio!*

Senti-me uma boba. *No fundo, como eu me enganara fingindo que algo havia mudado? Eu não acreditava em mais nada. Desfiz-me como pó.*

A sensação angustiante de acreditar em algo que nunca existiu... Um sonho bobo... Eu fazia tudo da melhor forma que conseguia, com todas as minhas forças, e tentava acertar, ser bondosa, mas sentia na boca o amargor de que não adiantava nada.

Merecíamos sofrer?

Pareceu-me tão injusto. O sentido da minha Vida desmoronou como um castelo de areia. Não havia mais nenhuma certeza.

Senti-me profundamente frustrada e fria. Decepcionada. Desacreditada. *Nada faz sentido! A Vida não me dá um alívio! Não é justo! Perdi-me de mim e não faço esforço para me reencontrar! Tanto faz!*

Sentia no meu peito a maior dor do mundo... Era o que parecia naquele momento.

1.11 ALICE LOUCA

Olhei para trás e vi a Alice louca, gritando com o obscuro e arrasada como aqueles cacos de outra hora... Aos pedaços... Sem compreender, sem aceitar... *Eu tinha tanta certeza de que conseguiríamos...*

Mas precisei engolir a derrota, o fracasso. *A felicidade não é algo para mim.* Esse sentimento dominou-me naquele momento. Não aceitava que não conseguiria "chegar lá". Meu pequeno mundo onde tudo era possível, de repente, já não existia mais. E fiquei sem lugar, sem chão.

Arranquei minha mãe e meu irmão daquela casa para salvar as vidas deles e abrimos mão de praticamente tudo para que ele concordasse com a separação. "Nada vale mais do que a nossa paz! Vamos dar um jeito".

O obscuro insultou-me: "Você é uma piranha como a sua mãe!". Como nunca antes, jogou fora cada abraço, cada carinho e cada perdão que lhe ofereci. No meu coração abriu-se uma fenda que jorrava impotência e vitimização. Não nos falamos por um ano. *Nada parecia importar muito.*

Minha mãe, enfim, saiu de casa com meu irmãozinho. Meu pai passou a viver sozinho. Eu voltei para a faculdade carregando na bolsa a dúvida da existência de Deus e acreditando que a Vida era injusta e indiferente. *Alguns nascem apenas para sofrer. Será?*

Olhei para trás e vi um abismo de algo que me recusava a ver. Uma saudade estranha de uma vida diferente, um amor experimentado em outro tempo, um cansaço de tanto carregar peso.

Senti-me completamente perdida. Restavam apenas meus destroços. Desmanchei-me, sem saber quem eu era e qual a razão de tudo aquilo. *Não resta nada!*

Então anestesiei as emoções, liguei o piloto automático e segui em frente em meio às cinzas.

CAPÍTULO 2

A VERDADE

Escorregando no tobogã do infinito, vindo e voltando pelos mesmos caminhos, um dia vemos uma flor, em outro sentimos seu aroma e, em outros ainda, furamos o dedo em seus espinhos. Mas há sempre beleza em florir. Permita-se florir! É uma decisão só sua.

E como um imã de opostos, eu atraía alegria ao meu redor... Admirava o bom humor como uma valiosa virtude, pois eu estava afundada na melancolia.

Conheci um rapaz muito gentil e brincalhão, que me fazia rir muito. Como eu gostava de rir com ele! Ele cuidou de mim. *Meu coração frio sentiu-se quentinho.*

Estávamos sempre juntos, foram conversas intermináveis.

Eu queria colocar a responsabilidade da minha felicidade nas mãos de alguém, queria que outra pessoa resolvesse os meus problemas para mim, mas isso não é real. *Eu sou a protagonista da minha vida e preciso assumir o controle.* Mas eu não tinha muita vocação para decidir, precisava aprender essa lição.

A vida proporciona encontros surpreendentes.

Wagner sempre vibrou vitalidade e trabalho. Incansável, sempre disposto e rindo de tudo, brincando com nossos próprios dramas, caçoando da loucura da Vida ao nosso redor. *Legal isso! Hipnotizante! Como ele consegue ser assim?*

2.1 MULHERES SUPERPODEROSAS

As mulheres foram figuras centrais na minha vida. Tive grandes referências de mulheres incríveis, fortes como rochas e frágeis como flores. Minha mãe tornou-se uma inspiração para mim. Eu necessitava da sua aprovação em tudo. *Escrevia longas cartas de amor para ela.*

Minha sogra também era uma mulher especial. Seu marido, pai de Wagner, acidentado havia anos, era cuidadosamente assistido por ela, que abdicou de tudo em favor dos cuidados exigidos pela condição incapacitante dele. Cuidava carinhosamente da casa, do marido, dos filhos, uma verdadeira referência para todos na família. *Mãezona!*

Todos os dias, às 15h, o cheirinho do café fresco invadia a cozinha dela, a varanda, a vizinhança. Um lanche apetitoso estava posto à mesa e as pessoas começavam a chegar para conversar e comer. Pedir conselhos e encher a barriga.

A rotina era totalmente para as necessidades de seu marido: banhos, dietas, massagens, remédios, sessões de fisioterapia, missas na TV, trocas de fralda, mudanças de posição, mais dietas, mais remédios, mais higiene… Esquentar os joelhos, colocar meia, hora do chá para ajudar o funcionamento do intestino, fazer a barba, escovar os dentes, beijos e canções. *Ufa!*

E, claro, o café, pontualmente às 15h, todos os dias: torta salgada, cuscuz, bolo quentinho, banana cozida, todo dia uma surpresa mais deliciosa do que a outra. Neuza gostava de cozinhar para todos, alimentar a família, e sabia como agradar o paladar. *E como sabia! Hummmm.*

A irmã, tia Nite, morava na casa em frente e tinha o mesmo instinto materno da irmã, sempre cuidando de todos. Inclusive, eram grandes parceiras uma da outra e dos demais irmãos. *Uma família calorosa.*

Tia Nite fazia bolos de aniversário, trabalhava como voluntária na igreja, cortava os cabelos dos sobrinhos... Sabia de tudo um pouco! *Eram mulheres superpoderosas!*

Sempre tinham um ombro amigo, um conselho amigável e uma palavra de força. Todos olhavam com grande admiração a forma como elas dedicavam-se a cuidar da família. *Empatia, com "E" maiúsculo, era o que governava suas vidas.*

Wagner e sua grande família acolheram-me com carinho. *Houve um gostoso suspiro de alívio.*

Tudo parecia um pouco melhor, mas, mesmo assim, depois de concluir a faculdade ainda me sentia incompleta e frustrada. Não havia muito sentido. *Por que a dor não passou?* Conquistar diplomas não curava o sentimento de fracasso que passou a habitar em mim secretamente.

Desisti do mestrado e voltei para casa, para ficar perto da minha mãe e do meu irmão. Estava cansada demais, precisava voltar. *Quero minha caverna.*

Enquanto isso, deixei muitos sentimentos em estado de dormência. Deixava o assunto de lado e já não doía tanto. Podia viver assim, sem problemas. *Tudo resolvido! Será?*

Comecei a trabalhar em Jaguaré como professora de Matemática numa escola do interior. Gostava muito de ensinar, era incansável em busca maneiras de fazer meus alunos entenderem os conteúdos. Sentia-me feliz no meio das crianças. *Vou ser a melhor professora do mundo!*

A menina franzina e calma estava crescida. Sentia-me segura com Wagner. Nós nos casamos em agosto de 2008. E meu pai de luz levou-me ao altar.

Acredita que ele quis fumar um cigarro antes de entrar?! *Engraçado (rsrsrsrs).* "Pai, joga logo isso fora!". Ele terminou o cigarro em poucas tragadas para não desperdiçar e jogou a bituca fora. Entramos na igreja e foi lindo! *Está tudo bem! Era hora de fazer as pazes com Deus. Eu já estava com saudades.*

Lembro-me bem da primeira e única visita do meu pai à minha casa. Alguns dias depois de casada, ele bateu a minha porta. Inicialmente fiquei muito alegre. *Uau! Papai veio me ver. Que surpresa!*

"Quer café?". Não sabia o que fazer para agradar. E ele foi breve. Levou o documento para cessar a pensão. "Agora que você casou não tenho obrigação com isso. Agora é com seu marido!", falou rindo. Assinei. *Ah, entendi! Certo então.*

2.2 ALICE MÃE

Wagner e eu tivemos nossa primeira filha, Mariana, linda e esperta!

Troca de fraldas, hora do "mama", soneca, cólicas, choro, remédios, mais fraldas, banho, noites sem dormir, mais choro, olheiras, olhar ela dormir, admirá-la, beijos, choro, fraldas e tudo de novo. *Uau! É intenso ser mãe! Mudança, com "M" maiúsculo.*

Fomos levados à exaustão. Marianinha tinha cólicas intermináveis. Mas esse tempo mexeu bastante com minha escala de prioridades. Ser "super" no trabalho ou conquistar títulos, nada se comparava à experiência de ser mãe. *Aquela criança tão pequena era capaz de despertar sentimentos tão grandes! Obrigada, filhinha!*

Poderia abrir mão de tudo facilmente para ficar pertinho dela. Encontrei na maternidade um sentido sólido e profundo para minha vida. *E ainda assim, não me julguem, às vezes eu queria desistir de tudo e dormir só um pouco!*

Internalizei que nasci para ser mãe.

Os filhos podem ser uma motivação para nossa evolução. Queremos ser melhores por eles. Mas também é importante sermos melhores por nós mesmos. Esqueci-me completamente de mim na maternidade e abandonei-me. *Acredito que isso seja bem comum.*

Eu e Wagner construímos a nossa casa perto da Neuza e da tia Nite, minhas vizinhas. Trocávamos receitas – *eu nunca fui boa na cozinha* – e cuidávamos do jardim – *nesse aspecto eu me saía melhor.* Elas ajudavam-me com a pequena Mari, assim como a minha mãe.

Tudo era cercado de muito amor! Mari era amada e cuidada por muitas mãos carinhosas. Ela tinha a habilidade de aquecer nossos corações com suas canções e doces sorrisos. Seu olhar meigo hipnotizava-nos.

Tínhamos todo o cenário para viver plenamente a paz que eu sempre desejei, mas, por alguma razão, não era exatamente assim. *Droga, por que eu não consigo ser feliz, afinal?*

Afastei-me da minha essência e tornei-me mãe de família. Não era inesperado termos momentos difíceis. Eu via o meu marido pelo filtro do meu pai e aborrecia-me com coisas que nem sei explicar, mas que, no meu íntimo, era um comportamento típico do obscuro. Repeti muitas vezes: "Você é igual ao meu pai". Amamo-nos e ferimo-nos profundamente.

Éramos claramente opostos, difícil de nos encaixar: eu, a tristeza, e ele, a alegria; eu, a paz, e ele, a turbulência; eu, o desapego, e ele, visionário; eu, romântica, e ele... nem tanto.

Deus colocou-nos lado a lado para evoluirmos juntos e plantou em nossos corações o amor para que quando um tentasse desistir, o outro lutasse. A Vida sempre tem pretensões misteriosas.

E passamos muita coisa juntos, uma vida densa. Nossas vidas misturaram-se e as dores de um tornaram-se as dores do outro. *Intenso.*

Aprendi, com resistência, que eu não podia viver inteiramente na paz que eu sonhava, que eu tinha lições a aprender e não adiantava adiar isso. *Vamos deixar para depois? Pode ser? Melhor encarar logo.*

2.3 FALAR PELO SILÊNCIO

Por diversas experiências que eu passei, eu percebi que existia em mim uma percepção aguçada, uma "visão além do alcance", como brincavam meus colegas na época da faculdade de Matemática. Essa sensibilidade fazia com que eu sempre sentisse muita compreensão com todos ao meu redor. Porém, por algum motivo cruel, eu era destrutiva comigo mesma, exigindo muito de mim. *Você não pode errar, garota!*

E como eu errei... E eu mesma me condenava, sem piedade. *Nossa, que exagero! Mas foi assim mesmo.*

E eu também me doava integralmente, disposta a fazer todo o bem que meu coração desejava, sem perceber minhas próprias necessidades básicas. *O meu pedaço de bolo pode ser o menor. Sem problemas!*

Eu logo entendi que era do sentir e puramente, pela minha intenção, ajudava as pessoas de alguma forma, com poucas palavras e muita amorosidade. Para você entender isso melhor vou contar uma história.

Eu dava aulas particulares de Matemática em casa e relacionava-me bem com os adolescentes. Ensinava com carinho aquilo que era muito confortável para mim, meu campo de domínio, os números.

Claro que eu e meus alunos conversávamos brevemente sobre outros assuntos da vida, das experiências vividas, dos sonhos. E nesses momentos, sem muitas palavras, apenas pela energia do bem, um afeto era plantado em nossos corações naturalmente, sem qualquer esforço. *E o coração ficava quentinho. Fazia todo sentido.*

E mais de uma vez alguém me deu um retorno interessante: "Nossa! Você ajudou muito a minha filha, e não me refiro à Matemática". *Aconteceu muitas vezes!* E eu duvidava. "Mas eu nem falei nada...". *Como pode isso?*

Agora entendo. Eu aprendi a falar no silêncio pelo desejo sincero do meu coração. *Deve ser o meu dom!*

Isso se repetiu muito ao longo da minha vida e um dia, finalmente, decide aceitar com gratidão que não eram coincidências, esse dom era parte de mim. *Agradeço a Deus por isso.*

Hoje eu sei do poder da minha oração sincera e descobri nela um canal de diálogo com Deus. *Orar acalma meu coração.*

Nesse período de descobertas, o câncer da tia Nite veio avassalador, no rim, um tumor imenso. Todos ficaram incrédulos. *Como uma criatura tão bondosa pode ter uma doença tão terrível?*

O médico deu o diagnóstico e disse que a expectativa de vida dela era de seis meses, talvez menos. *Claro que ela não acreditou.* Ela decidiu lutar bravamente pela vida, pela sobrevivência. Era amiga de Deus e confiava inteiramente no plano d'Ele. A família juntou-se em orações.

Muitos amigos mandavam energias positivas. Outros, inconvenientes, fazendo comentários desnecessários: "Nossa! Como você está magra!" ou "Que pena, né? Seu cabelo vai cair todo com a quimioterapia". *Fala sério!*

Numa situação difícil, às vezes é mais sensato só oferecer um abraço e ficar em silêncio. *Melhor não falar nada, não é?*

Ela foi muito corajosa. Enfrentou bravamente a doença e iniciou o tratamento.

Cirurgia, retirada do rim.

Quimioterapia, perda de peso.

Surpreendentemente, começou a ter boas notícias. Por um tempo, o câncer estacionou e ficou adormecido, quieto, silencioso. Ela pôde seguir com sua vida. *Ela tinha mesmo superpoderes!*

Tia Nite continuou produtiva, resolveu aprender a tocar teclado e da minha casa eu podia escutar suas tentativas. *Sempre persistente!*

2.4 AMIGAS DA VIDA

Neuza morava em frente e era grande companheira do marido e da irmã doente.

A doença da tia Nite acordou após um tempo, *foi preciso lutar mais.*

Metástase, radioterapia, feridas, pústulas, perda de peso, humanamente insuportável... Necrose na boca... Assustadoramente persistente. *Era possível sentir o cheiro da morte.*

E a notícia difícil, numa consulta de rotina da minha sogra, Neuza: um nódulo na tireoide. Elas sofriam juntas, uma pela outra, viveram o câncer juntas. *Vida, que bosta! Muita sacanagem!*

Há essa altura, eu, que já havia feito as pazes com Deus, precisava d'Ele, e pedi fervorosamente a cura das minhas amigas e o alívio das suas dores. *Qual o propósito de tudo isso? Deus, faça isso passar!*

Muita coisa para absorver em pouco tempo. *Ave Maria, preciso de um vinho.*

Os médicos davam várias possibilidades de tratamento e grande expectativa para cura para nódulos na tireoide. *Agarramo-nos a isso.* E sem pensar muito, travamos outra frente de batalha: consultas, exames, iodoterapias, exercícios respiratórios, dieta saudável, chás naturais, água benta e esperança. *Vai dar certo dessa vez!*

A família estava abalada, duas fortes colunas de sustentação estavam enfraquecidas e, de repente, quem sempre cuidou precisava ser cuidado. *Interessante!*

2.5 MEU MILAGRE

Nesse contexto sombrio, meu pequeno milagre aconteceu.

Eu estava sentada no sofá da tia Nite e ela estava ao meu lado. Era notável que ela estava desconfortável dentro daquele corpo magro e dolorido. Era difícil comer, andar, sentar-se... Sua luz estava embaçada, a voz fraca e baixa, escolhendo bem as palavras para poupar energia, mas a fé estava acesa lá dentro, viva, preenchendo cada canto da casa.

Eu olhei para ela com tanta compaixão, transbordava tanta piedade do meu coração, e diante da minha impotência em não poder ajudá-la, mentalmente pedi com toda a minha força, que Deus que mostrasse o que fazer. *Senhor, me mostra como eu posso ajudar. Me usa como instrumento, por favor.*

Imediatamente, na velocidade do meu pensamento, ela deitou-se e colocou os pés no meu colo, e com voz baixinha e gentil disse: "Faz uma massagem nos meus pés?". *Senhor, essa foi rápida, hein!*

Meus olhos lacrimejaram, quase não consegui conter a emoção, Deus respondeu-me pela boca dela, tive a certeza. Respirei fundo e fiz uma massagem com muito amor, como se fosse nos pés de Deus. Ela fechou os olhos e relaxou. Quase dormiu. *Houve um alívio que parecia impossível.*

Meu coração encheu-se de gratidão. Sem palavras para explicar a emoção de ajudar minha amiga querida naquele momento tão difícil.

Em silêncio, eu senti meu coração explodir, realizada pela oportunidade que Deus não hesitou em me dar naquele pequeno infinito. *Ninguém entenderia nada. Sou louca? Não importa. Obrigada, tia Nite. Tão generosa!*

Eu fiquei muito feliz e a chama da minha fé reluziu dentro de mim. Algo mudou, uma brasa acendeu-se. *O início da minha transformação.*

"Volta amanhã para outra massagem?". "Sim!!".

Surpreendentemente, a doença pode trazer aprendizados e transformações. Foi tão importante para mim Deus ter tido o cuidado de me responder, resgatando meu espírito. *Senti-me viva!*

Foi uma experiência tão profunda que marcou a minha alma. As coisas mudaram dentro de mim depois desse episódio. Eu não podia ignorar os sinais, o fogo do Espírito Santo começou naquela pequena brasa. Uma luz brilhou no meu íntimo, em meio às cinzas houve esperança. *Lembrei-me da minha essência. E senti saudades.*

2.6 COMO ASSIM?!

Os tratamentos falhavam, a frustração trazia incompreensão... *Qual a razão de tanta dor?*

Cirurgia. Neuza organizou cada detalhe, explicou a rotina de Itamar, meu sogro. Pediu para tio Piano, marido da tia Nite, para trocar a torneira da cozinha, e fez recomendações a todos para sua ausência. Dizia-se confiante de que a cirurgia seria a solução. *Eu vou melhorar!*

Wagner organizou tudo, marcou consultas, exames, estudou sobre o câncer de tireoide em muitas madrugadas, conversou com médicos, acompanhou a mãe em tudo. Marcou a cirurgia, o plano do médico era retirar o tumor maior para que a iodoterapia fizesse efeito nos pequenos. *Vai dar certo!*

Estávamos numa adrenalina louca para resolver as coisas, especialmente o Wagner, que me confessou: "Esqueci de perguntar se mamãe quer fazer a cirurgia". Eu encorajei-o: "A cirurgia é amanhã e ela não precisa ir se não quiser".

A decisão foi dela. Ele não conseguiu perguntar, mas eu sim. Ela estava certa de que tinha que fazer. Com a mão no peito disse: "Nossa Senhora há de me curar".

Ela estava magra, mas forte, foi andando para o hospital. Wagner e os irmãos acompanharam-na até o centro cirúrgico. Estávamos preocupados com a recuperação dela no pós-cirúrgico. *Claro que vai dar tudo certo!*

Hemorragia. Wagner ligou-me com a notícia da morte. Minha cabeça virou ao avesso. Que triste! Eu não fui capaz de acreditar na realidade, *Mas como? Vida, assim não dá. Fiquei confusa.*

Lembro-me do Wagner chegando à noite e correndo para nos abraçar, eu e Mariana. Ele chorava muito. Choramos juntos. E era noite. O medo da noite que habitava na minha criança encontrou espaço no coração da minha filha. *Padrão familiar perigoso.*

Itamar na cama, sem falar, sem enxergar, com movimentos limitados... Recebeu com uma lágrima a notícia da morte da esposa, sua cuidadora, sua protetora, sua enfermeira, que foi seu anjo da guarda por 12 anos.

Quem poderia imaginar uma ironia tão trágica da Vida? Ele, debilitado por anos, vivo, e ela, que fazia tudo para ele, era seus braços e pernas, morta? Não fazia sentido algum. A Vida é uma roteirista absolutamente louca.

Na minha prancheta seria muito diferente... *Como assim? Como assim?*

A Vida não seguiu roteiro algum... *Pelo menos, não o meu.*

2.7 O LIMITE DA DOR FÍSICA

Tia Nite, debilitada e consumida pelo câncer, participou do velório da irmã. *Dá para imaginar isso?!*

Foi uma cena que marcou a minha memória. Difícil pensar em como ela foi forte e como a Vida foi capaz de fazê-la sofrer ainda mais... *Que golpe duro! Que força de espírito!*

Ela era tão generosa a ponto de esquecer suas necessidades para ajudar aos outros, colocava-se em segundo plano à demanda de todos. Era forte a ponto de aguentar tudo sem se queixar. Neuza e Nite eram muito parecidas nesse aspecto. *Mulheres muralhas, não havia tempo para fraquezas. Não havia tempo para si próprias...*

A doença veio como um freio doloroso para mostrar que quem cuida também precisa de cuidados? A empatia sem proteção pode adoecer uma alma submissa? Por melhor que seja nossa intenção, absorver os problemas para si pode ser autodestrutivo.

Os meses seguintes foram difíceis: perda de peso, feridas na boca, bolsa de colostomia, vermes no interior da face... *Meu Deus! Quanta dor! A lembrança me dói tão fundo que me dá ânsia de vômito.*

Esse episódio foi difícil. Wagner e Mariana Estavam na casa da Tia Nite. "Wagner, olha minha dentadura? Está incomodando, está frouxa". Ela tinha emagrecido muito, era de se esperar. Ao olhar... "O que são esses bichinhos na boca da minha tia?". Mariana gritou assustada. Vermes... As pernas dele tremeram.

Ele pediu que levassem Mariana de lá, pegou a pinça, respirou fundo e foi removendo... Incontáveis, intermináveis... E ela: "Ainda bem que foi na minha boca porque eu não sou nojenta. Se fosse na boca da minha irmã ela não aguentaria" (pausa).

Não conseguiu retirar todos. Eram muitos. Ela precisou ir ao hospital e aplicar um produto. Ouviram seus gritos pelo corredor. E sua filha igualmente forte, ao seu lado.

Um minuto de silêncio... Preciso de fôlego!

Ao ouvir essa história senti uma profunda tristeza por tia Nite e antagonicamente um estranho alívio por Neuza. *Poderia ter sido pior?*

Uma nuvem cinza pairou sobre nós e estacionou sobre nossas cabeças. Era como uma neblina que nunca passava. Um desânimo habitou entre nós, cansados de lutar e perder. Lutar e perder.

Elas mereciam tanto sofrimento? Alguns nascem para sofrer? Melhor nem pensar muito nesse momento.

Era muito difícil pensar nisso, era insuportável tentar entender algo aparentemente ininteligível. O sofrimento não vem pelo merecimento, mas para o aprendizado. *Isso é certeza.*

Nossas almas marcadas pelas perdas nunca mais seriam como antes...Estávamos transformados. *Por sorte, eu tinha aquela brasa acesa em mim para me ajudar a lidar com as mudanças.*

Nossa rua tornou-se silenciosa e sem o aroma de antes.

O velório da tia Nite foi bonito, um corredor de coroinhas com rosas na igreja. Seu corpo ainda expressava todo o sofrimento que a doença lhe causara na carne... E em silêncio houve um estranho alívio pelo fim do martírio. *Descansou! Foi gentil esse pensamento.*

2.8 MEDO DA NOITE

A Vida em espiral, vai e volta aos assuntos antigos. Falei que voltaríamos a essa questão. Nossos padrões são tão fortes que passam para as pessoas que mais amamos. *Por isso precisamos quebrar padrões negativos assim que tomamos consciência deles. Nossos medos tornam-se os medos dos nossos filhos.*

Nesse contexto de tantas perdas, Mariana começou a ter pânico da noite. Ela tinha apenas 5 anos e o entardecer era assustador para ela. Ela passou por coisas que ainda não estava pronta para entender.

Ao dormir, ela colocava um braço e uma perna em cima do pai e um braço e uma perna em cima de mim e, mesmo assim, demorava a dormir. Ela tinha terror da noite. *Eu conhecia essa sensação.*

A minha rua ficou triste... Minhas vizinhas companheiras tinham ido embora. *Tudo estava diferente e vazio.* O clima tornou-se cinza. Era uma densa nuvem de chuva que logo se desfez em uma chuva de lágrimas. *É importante chorar a saudade, chorar a dor e lavar a alma.*

Não demorou para que meu sogro adoecesse e, em pouco tempo, ele também se foi. Eu estava grávida da minha caçula, a Helena.

Até mesmo a cadela da casa morreu um tempo depois, doença do carrapato, disse o veterinário. A casa ficou completamente vazia, sem vida. *Encerrara-se um ciclo de dor e doenças. Precisávamos virar a página e escrever uma história diferente.*

Detalhe: nessa conjuntura passei no processo seletivo do mestrado em Ensino de Matemática, um pouco antes de descobrir a gravidez. Até hoje não sei como consegui terminar o mestrado. Se não fossem bons anjos no meu caminho eu nunca teria conseguido! *Obrigada!*

Helena trouxe-nos alívio no clima de tristeza. Ela veio para "causar", para nos lembrar como é bom sorrir. Ela coloriu nosso céu acinzentado com um lindo arco-íris. Nasceu a cara do avô Itamar. Ela era tão parecida com ele que todo mundo arregalava os olhos quando via a foto dela do hospital.

2.9 ALICE MÃE NOVAMENTE

A pequena Helena logo encheu nossa casa de alegria, fraldas e brinquedos. Ela era muito gordinha e rosada, igual a uma porquinha. *A coisinha mais fofa do mundo!*

Mari era muito carinhosa e cuidadosa com a irmã, como uma galinha chocadeira. Não queria ninguém perto de Helena, queria que logo devolvessem para mim. E eu doida para deixar no colo das tias para eu descansar um pouquinho. *Mari sempre sensível e protetora.*

A cada dia ela ficava mais parecida comigo, com sua paz inabalável, seu jeito calmo e seu sorriso discreto, toda meiga e sentimental. Era como um anjo, sempre doce e amável, coração bondoso e empático. *Uma gracinha.*

Já Helena, cada dia mais espevitada, bagunceira, engraçada, toda trabalhada no glitter e no rosa pink. Fazia gracinhas e conquistava a atenção de todos com seu carisma ímpar.

Que sorte a minha de ser mãe delas. Que oportunidade! Aprendi muito com essas duas figurinhas.

Não sei explicar. Ser mãe é a maior de todas as coisas. Não há nada maior. *Uma loucura. Intenso e doloroso, como nada na vida.* Aprendemos a dar beijos mágicos e abraços que curam, o colo torna-se macio e seguro. Mães têm *superpoderes!*

Interessante como pode ser tão diferente a mesma experiência, em momentos distintos da vida. Com certeza, torna tudo único e especial. *A gente vai ficando mais experiente nessa coisa de mãe (rsrsrsrs).*

2.10 O CABELO

Todos esses acontecimentos faziam minha cabeça explodir em pensamentos. Era tempo de renovação, de aprender a decidir. Eu precisava de ajuda e transbordei no corpo físico.

A vontade de mudar tudo estava em mim. Então cortei o cabelo radicalmente, um corte masculino, bem curtinho, sem me preocupar com o que os outros pensariam. Fiz por mim mesma, pela minha vontade. *Eu decidi e fiz.*

Precisava cuidar de mim. Retornei para a terapia e o retorno foi revelador. O subconsciente estava me mandando uma mensagem pelo meu novo corte de cabelo: *eu precisava olhar para o meu pai!* Minha terapeuta matou essa charada. *Mas o que meu pai tinha a ver com isso? Ah, não entendi nada naquele momento.*

A pergunta dela foi no alvo: "Como está a sua relação com seu pai?". Esquivei-me: "Meu pai? Está tudo bem".

Somos seres complexos, com muitas camadas, muitas composições, que precisam de atenção, de autoconhecimento e de análise. Cada célula nossa comunica-se num conjunto perfeito, funcionando em coletividade. Um pequeno universo dentro de cada um de nós. Nessa experiência aprendi que o corpo fala numa linguagem própria. *Agora fico em silêncio e tento escutar.*

2.11 VELHAS FERIDAS

Nesse tempo, meu pai seguiu a vida dele, fez uma nova família e eu ganhei um irmãozinho. Eram os grandes amores de papai, os filhos. *E ele falava isso o tempo todo.*

Confesso que estávamos bem distantes, nossa relação era fria e baseada na obrigação. Minhas filhas não tinham muito contato com ele e isso me doía um pouco, pois sabia que ele era louco por crianças.

Mas como a Vida não está para brincadeiras, tem sempre algo por vir para chacoalhar tudo e nos tirar da zona de conforto. Em algum momento vêm à tona os sentimentos latentes e precisamos encarar nossos dramas. *Se prepara, amiga. Vem chumbo grosso!*

Meu pai divorciou-se da segunda esposa e estava morando sozinho, precisando de um olhar feminino, um toque na questão da limpeza e da alimentação. Então eu aproximei-me dele. *Por obrigação.*

Essa aproximação fez-me lembrar do corte de cabelo e da terapia. *Seria um recomeço para nós?*

Eu pensava que minhas questões com meu pai já estavam resolvidas, *mas é claro que não estavam.* Estavam apenas adormecidas, como velhas feridas que não doem se não tocarmos nelas.

Ele gostava muito de sentar-se na frente de casa e tomar sol com meu avô, ex-sogro dele, pai da minha mãe. *Eram grandes amigos. Engraçado, né?* Ele sentava-se sempre no mesmo lugar, falava as mesmas coisas, parecia uma alma infantil, ingênua e que recusava qualquer mudança. *Rígido, imutável e, ao mesmo tempo, marcante.*

Nada abalava sua convicção em algo. "Mulher a gente gosta, mas amor, só para os filhos"; "Os filhos são bonitos, iguais ao pai"; "Nada vale mais do que a honra". *Coisas de papai!*

A paciência era uma virtude de que ele desfrutava ouvindo horas e horas uma fita com o canto de passarinhos para ensinar os pássaros que tinha em gaiolas. Ele os estimava muito. Cozinhava ovos e assoviava para eles, esse era seu programa de final de semana. *Acho que se comunicavam.*

Respiremos fundo, vem mais uma notícia difícil...

Um tumor no esôfago do papai. Não nos pulmões, mas no esôfago. Grande! Obstruindo 70% do tubo e causando desconforto ao comer. *Será câncer? Dor de barriga.* Era câncer.

2.12 A DOENÇA DO PAPAI

Meu pai estava doente e precisávamos iniciar um tratamento rápido porque ele não podia ficar um dia sem comer. Foi assustador.

Wagner segurou a minha onda. Eu fiquei muito perdida. E agora? *Ele não pode ficar com fome.*

Meu pai, muito francamente, disse para mim: "Tenho medo de morrer de fome". Prometi: "Nem que eu tenha que colocar a comida dentro do seu estômago, você não vai morrer de fome. Eu prometo".

Logo marcamos uma consulta com um médico especialista, que indicou uma cirurgia de emergência para colocar uma sonda alimentar. As coisas acalmaram-se um pouco, resolvemos a questão da fome, pelo menos. *Vencemos uma. Uhuuuuu!*

Usamos chás medicinais, sol da manhã e suplementação alimentar na sonda. Ele estava forte e sentia-se bem.

Nos exames de imagem metástase, incontáveis nódulos no fígado. O médico nem queria iniciar a quimioterapia, disse que era gravíssimo e que ele poderia ficar pior com o tratamento. *Claro que ele não acreditou.*

Disse que queria tratar sim. Então o médico disse: "Se até a próxima consulta você ganhar peso ao invés de perder, autorizarei o início do tratamento". Eu cheguei em casa devastada e ele com apetite. Mas preciso dizer que o tosco do médico, de forma estranha, motivou meu pai. Enfim...

Aumentamos a quantidade de refeições por dia e ele arriscou alimentar-me mais pela boca, mastigando bem e em pequenas porções. Começou a fazer pequenas caminhadas no quarteirão para mostrar que estava ativo. E na consulta seguinte, o resultado: havia ganhado 2 kg em quinze dias. *Yes! Arrasamos!*

Ele conquistou o direito à quimioterapia. *Quanta bravura!* Estava sempre com bom humor e falante, mexia com as enfermeiras. Logo, todo mundo da oncologia já o conhecia. *Eles tratavam-no com muito carinho.* Papai até combinou um forró com a enfermeira mais bonita assim que ficasse curado, porque ele era um pé de valsa, segundo o próprio. *Safadinho!*

Eu e Rafael ficávamos com ele o tempo todo e ele ouvia-nos como se fosse um filho obediente. Alice era o nome da mãe dele... e eu assumi o papel dela naturalmente. E voltamos a ser amigos. *Legal isso!*

A nossa maior fraqueza pode revelar a nossa maior força, pois Deus pode transformar a pior dor em amor.

2.13 RECONCILIAÇÃO

Ele permitiu-se ser cuidado e amado. Estava com medo e sentia-se seguro comigo, então montei um quarto para minha família na casa dele e ficávamos muito tempo lá. Rafael revezava comigo e papai não ficava sozinho.

Minhas filhas tiveram avô nesse período. Eles puderam se conhecer e se gostar. *Foi lindo!*

Preciso contar que papai era viciado em novelas e canal do boi. Ele sempre assistia aos mesmos programas, falava as mesmas palavras, ficava nos mesmos lugares. Era realmente marcante.

Uma vez, estávamos juntos na sala de TV da casa dele e as meninas, Mari e Helena, queriam brincar. Então inventamos um jogo: "Adivinhe o animal que Helena está imitando". Eu sussurrava no ouvido dela: "Imite um gatinho", e papai, tentando adivinhar, sempre errava: "Macaco". "Imite um leão", e papai: "Macaco". "Imite um cachorro", e papai insistia: "Macaco!". Então decidi fazê-lo acertar uma vez e disse para a minha filha: "Imite um macaco", e, acreditem se quiserem, ele respondeu: "Cachorro". Caímos na gargalhada (kkkkkkk). E, de repente, papai deu-se conta e falou: "Fiquei tão entretido que perdi a novela!" (kkkkkk). *Foi muito divertido! Minhas filhas puderam ter avô! Helena nunca se esquece da brincadeira do macaco.*

Com o passar dos dias estávamos cada vez mais próximos. Eu cuidei dele com o mesmo amor dedicado a um filho e me doía a dor que ele sentia. Foi a nossa verdadeira reconciliação. *Descobri que sempre te amei, pai!*

Passamos quatro meses relativamente bem, entre pequenos sustos e desafios, pomadas de assadura, vômitos, perda de peso. Mas com independência, ele andava, comia sozinho e precisava de pouco auxílio para o banho. *Era uma boa vida, aparentemente. E ele nunca reclamava.*

Papai estava irreconhecível, diferente. Nem parecia ser ele. *Tão calmo e sereno! Sério? Ele nunca foi assim. Senti profunda compaixão. Ele foi o mais gentil de todos os pacientes.*

Acredito que a compaixão é o sentimento que nos aproxima de Deus. Um canal direto para conectarmo-nos com o divino. Quando senti compaixão genuína e espontaneamente, as portas do céu abriram-se para mim e conectei-me com o Criador. *O céu desceu sobre nossa casa. Eu senti! Minha brasa virou uma imensa bola de fogo.*

E eu esperava um milagre. Pedia a cura.

Queria que meu pai se aproximasse de Deus, eu colocava água benta na dieta, rezava o terço quase todas as noites, mas faltava uma ligação mais direta. "Pai, quer ir no Santíssimo? Quer receber a Eucaristia?". E ele: "Outro dia". *Pai, não podemos perder tempo.*

Então tomei uma decisão desesperada e cometi um pecadinho – *que Deus me perdoe*. Na ânsia de salvar podemos tomar decisões desesperadas. Ao receber a comunhão na igreja que eu frequentava e frequento até hoje, guardei no céu da boca... Precisava que se encontrassem... Meu pai e Jesus. Era loucura, mas valia tentar. Agi por impulso. Peguei aquele pedacinho de esperança e coloquei na água. Ele bebeu. Nunca contei para ninguém... *Que Deus me perdoe!* Sei que o encontro tem que ser por livre-arbítrio, só quis dar uma força.

2.14 O CÉU DESCEU SOBRE NÓS

Estávamos praticamente morando na casa do papai e a convivência estreitava nossos sentimentos. *Eu via a mudança acontecendo e ficava pasma.*

Eu não podia mais duvidar porque sentia o Espírito Santo de Deus próximo, cuidando de nós e nos sustentando. É *real!* Papai não era mais ele, não se comportava como ele... *Estava transformado, era apenas luz! O obscuro havia partido.*

Ele falava com voz baixa e tranquila, conversava sobre a vida e como desejava que as coisas se resolvessem. Preocupava-se em falar do seu amor pelos filhos. *Como ele amava esses filhos!*

Demonstrava muita preocupação com o caçula, por ainda ser muito pequeno, se algo acontecesse com ele. Queria muito que o filhinho tivesse oportunidade de estudar e trabalhar, e que nada lhe faltasse.

Papai orgulhava-se da propriedade que adquirira depois de muitos anos de trabalho: uma roça pequena e bem cuidada, que representava segurança financeira para o futuro dos filhos. Um pontapé para realizarem suas próprias conquistas. Desejava que todos os seus filhos tivessem uma boa vida e fossem sempre honestos. Essa era a oração do seu coração e que ele expressava o tempo todo. *Colocava nossas necessidades acima das dele!*

Ele estava tão transformado que na pior dor ele não blasfemou, como em tantas outras vezes fizera. Ele não xingou, não quebrou nada, não falou alto sequer. Ele orou. Até me emociona novamente ao escrever sobre isso. *Sim! Ele se benzeu em frente ao crucifixo e cantou o cântico no seu sacramento de extrema unção. Ele reluziu!*

Ele estava sereno, preparado e tranquilo, de uma forma que não era possível sem a presença de Deus.

Na maior dor, respiramos o céu.

Na dor desumana do câncer chegamos ao limite do corpo e também da alma, juntos. *Foi... profundo!*

Não é uma questão de palavras nem existe muita coisa a dizer quando chega esse momento difícil. É uma questão de sentir. Sentir a presença, estar junto, dividir; ver num olhar amigo um sopro de alívio.

Não estamos sozinhos. A chama crescia em meu coração. Eu podia sentir. O fogo arde, ilumina e transforma.

E numa noite que parecia como outra qualquer, papai caiu.

Depois de levantar-se rápido do sofá, ele ficou tonto, passou entre meus dedos e eu não consegui segurá-lo. Ele bateu a cabeça direto no chão, com impacto forte, sem colocar as mãos. O sangue jorrou. Eu assisti em câmera lenta, sem conseguir alcançá-lo.

"SOCORRO! WAGNER, ME AJUDA!".

Meu marido foi o meu maior apoio.

2.16 DESEMBOLANDO OS NÓS

Depois da queda ele começou a variar, via vultos, e seus olhos reviravam como se estivesse vendo algo que eu não era capaz de ver. Ele apontava para o canto da parede. "O que tem ali, pai?".

Nosso pequeno infinito de paz acabou muito rápido... Fomos para o hospital, voltamos para casa, voltamos para o hospital, voltamos para casa. *Não houve descanso. Para quem vive a dor, cada minuto é torturante.*

Ele já não podia andar, a diarreia era incontrolável e a dor não parava nunca. *Nunca!* Não conseguia dormir. Tomava muitos remédios, mas nada trazia alívio. Ele chorou e no meu ouvido confessou o desejo do seu coração, pediu para morrer... *Choro só de me lembrar...* Disse-me, sussurrando, com a voz de choro bem fraquinha: "Quero morrer". *Ele estava cansado.*

Eu fiz tudo que ele me pediu, dei até o cigarro que ele queria tanto fumar. Dormimos no mesmo leito do hospital e ele me abraçava muito, beijava-me com carinho. Parecia uma criança carente de afeto pedindo colo para sua mãe. *Filho, a mamãe vai cuidar de você. Amei como a um filho.*

Tão frágil agora, não parecia o homem bravo de antes. *A Vida e suas reviravoltas. Havia somente luz.*

Minha prima ficou com ele no hospital para que eu pudesse descansar. Ela foi muito importante nesse momento, pois eu estava exausta. Ele ficou bem, na medida do possível, mas já estava em estágio terminal. Dormia a maior parte do tempo, quase não falava nada.

Meu irmão tinha esperança num remédio dos EUA. Nós compramos, mas dentro de mim eu sabia que tínhamos bem pouco tempo. Fizemos o que precisava ser feito. Ou, pelo menos, o que achamos que era o certo.

Minha mãe também passou uma noite com ele no hospital e ele, num gesto muito bonito, beijou as mãos dela. *Era um pedido de perdão. Estava resolvendo as coisas. Preparando-se. Desembolando os nós! Ele foi cuidadoso. O pai de luz precisava do perdão para alcançar a paz!*

Estávamos em meio à pandemia de Covid-19, então as visitas eram bem limitadas. Uma irmã dele, minha tia, também passou um dia com ele no hospital.

Rezávamos o terço incansavelmente nas madrugadas sem fim. Até o sono chegar. Eram apenas cochilos no hospital.

2.15 O ÚLTIMO ABRAÇO

E no dia 12 de outubro de 2020, dia de Nossa Senhora Aparecida, *de quem sou devota e rogo minhas orações*, eu decidi ir para casa para ver as meninas. Na despedida, ele abraçou-me e não soltou... "Pai, quer que eu fique, amore? Eu fico". Ele respondeu: "Pode ir", mas não me soltou.

Foi o nosso adeus.

Tão marcante e profundo como tinha que ser. É como se ainda hoje eu sinta seus braços em volta de mim. Nesse breve infinito de puro amor foram minutos de eternidade. Alma com alma. Em conexão de compaixão e perdão. Mergulhamos fundo nesse último abraço.

Minha prima ficou com ele. Ela estava usando uma máscara e ele olhava para o rosto dela e dizia: "Alice?", procurando por mim. "Não, tio. Sou a Fernanda".

Ele fez isso diversas vezes durante a noite. E quando o dia amanheceu, ele começou a passar mal. Ela, preocupada, ligou-me. Eu estava num sono profundo e não acordei. Ela insistiu, até que, enfim, eu atendi. *Será que ele vai partir?*

Fui de carro e o trânsito estava muito lento. Liguei para o meu irmão, que estava mais próximo, na mesma cidade, em Linhares: "Vai correndo, irmão. Um filho tem que segurar a mão dele. Sua mão vai ser a nossa mão". Prontamente ele foi.

No caminho, interminável, muitos carros, trânsito lento, eu entreguei meu pai: "Pode descansar, amore. Como ele dizia. Não precisa me esperar, está tudo bem. Eu amo você. A vovó vai te receber no céu. Pode ir". E pensando bem, pareceu-me familiar, como a oração de antes: *se Deus o levasse, tudo isso acabaria.* Porém, agora, com a oportunidade da compaixão e do amor.

Foi a coisa mais difícil que eu já fiz, mas me trouxe profunda paz!

2.17 A PARTIDA

Entrei correndo no hospital. O porteiro perguntou meu nome, eu já estava dentro do elevador... Ouvi os gritos deles, Rafael e Fernanda.

Ele tinha acabado de morrer.

Fez a passagem segurando a mão do meu irmão e da minha prima. A respiração estava fraquinha e, de repente, parou de respirar. *Assim eles me disseram. Sem grande angústia, de modo suave.*

Ele tinha 63 anos apenas, prestes a completar 64. *Tchau, amore!*

Eu não cheguei a tempo. Naquele momento, isso foi um pensamento perturbador.

Só fechei os olhinhos dele com amor e rezei. *Está tudo bem, pai! Você fez o melhor que pôde. Agora chega de dor.* Chorei de alívio por ele. Chorei de cansaço por ele. E esqueci de chorar por mim.

Abracei meu irmão e minha prima e choramos juntos. Agradeço-os por dividirem comigo aquele momento. Eles me ajudaram muito, Rafael e Fernanda.

Lembro-me bem de olhar fixamente para o rosto do papai sem vida, ossudo e cadavérico, estático... *Braços longos e finos imóveis, já não podem mais me abraçar.*

Fiquei mal.

2.18 O LUTO

Por não conseguir estar lá fiquei mal. Por não ter lutado mais, talvez levado em outros médicos desde o início... Por aceitar que ele iria morrer... *Eu falhei!* Pensamentos perturbadores e insistentes tiravam-me a paz.

Comecei a me afundar numa areia movediça de tristeza e culpa. Quanto mais eu pensava, mais eu sentia-me afundar sem conseguir sair. E a tristeza dominou-me. Eu, que já conhecia a melancolia, retornei a ela, como uma amiga íntima.

Sentia culpa pela tão sonhada aposentadoria dele nunca ter chegado. Sentia culpa por enxergar a morte como uma solução para aquela dor terrível. Eu chorava escondida e tinha vergonha de tocar no assunto. Sentia que estava sendo julgada por ter sido incompetente. Entretanto era eu mesma que me julgava. *Como de costume.*

Eu devia... Nem sei o que devia ter feito... Mas tinha que ser diferente. E sentia saudade do seu abraço.

O pensamento persistente era a mão dele segurando a minha mão, os dedos finos e longos confiando em mim, ancorando-se em mim... Os braços finos e longos que nunca mais me abraçariam... Vontade de fechar-me na minha caverna. *Essa dor não passa nunca? Mas passa. Calma, com certeza ela passa.*

Quando olhei bem para trás, eu vi que tudo foi como deveria ter sido. *Preciso e perfeito!*

Uma chave virou e percebi que precisava ser a mão do Rafael a encerrar tudo, a resolver tudo. Meu irmão é uma pessoa maravilhosa e eles tinham essa pendência. Era o pedido de perdão que faltava. E aconteceu nesse gesto. A última peça do quebra-cabeça. Bacana isso!

Então tomei uma decisão consciente: *Chega de sofrer, Alice!*

Conversando comigo mesma fui enérgica: CHEGA, LINDA!

2.19 A LIBERTAÇÃO

A areia movediça tornou-se um caminho sólido diante dos meus pés a partir da minha decisão. *Nada muda o passado. Só nos resta aprender a seguir em frente.* Lembrei-me da luz que brilha em mim. Ergui-me!

No meu coração cresceu a certeza do amor que perdoa qualquer erro. E senti compaixão de mim. Perdoei-me e decidi parar de sofrer. *Fiz o que achei que era melhor e com amor. Isso tem que bastar. Deus conhece meu coração. Ponto final.*

Foi libertador. De repente, ficou tudo mais leve. *Abri minhas asas e voei alto! Brilhante! Iluminada! Ardendo em chamas... Fênix! Eu mereço esse olhar... com carinho e perdão!*

E quando lembro-me da mão dele na minha... *Fofinho!* Agora apenas com saudade e não tristeza. *E isso me encoraja a voar ainda mais!*

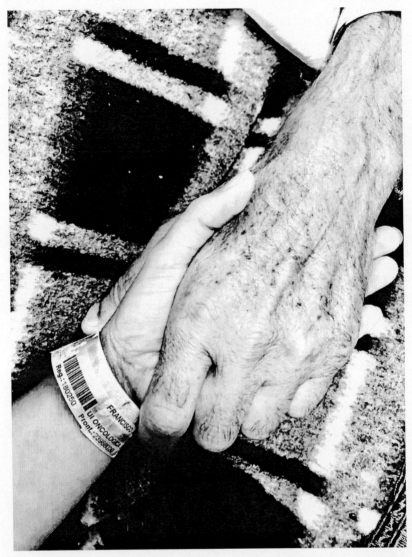

Fonte: arquivo pessoal da autora

Lembro-me também do último abraço... que ele me segurou e não me largava por nada. No fundo ele sabia que era o último e caprichou. Esse abraço pôs fim em qualquer ressentimento, curou as feridas e cobriu-nos de luz e amor. *Super fofo! Eu reluzi!*

Tudo foi como deveria ter sido. Agora eu entrego os pontos e sou obrigada a aplaudir: a Vida é surpreendente. *Meu grande amor, que me salvou das cinzas, não veio num cavalo branco, mas entre brilhos e sombras.*

Fica tanto aprendizado, tantas memórias, tanta riqueza.

Guardo com carinho a lembrança do meu pai, um homem de vida simples, que precisava de pouco e estava claramente satisfeito e conformado, não reclamava da sua sorte. *Tudo foi como deveria ter sido... Incrível!*

2.20 AO AVESSO

A doença do meu pai levou-me a olhar para coisas que eu não pensava antes. *Por exemplo, por que os prazeres da carne podem nos custar tão caro? O que resta depois da dor?*

Meu pai doente só queria acender mais um cigarro. *Por que o corpo dele desejava tanto algo que causava sua própria destruição?*

Racionalmente, ele sabia que não devia, lutou para resistir, mas a química do corpo dele necessitava daquilo, um pequeno alívio momentâneo.

Nos pequenos pecados travamos o início da nossa própria destruição. Pecados quase inofensivos que nos levam a perder o equilíbrio. Nicotina, álcool, cafeína, açúcar, sexo, dinheiro, trabalho... Qualquer coisa pode tornar-se destrutiva. É preciso perceber-se no dia a dia, nos hábitos, na rotina, e retornar ao equilíbrio. *O perigo dos excessos!*

Porque desequilibrar é garantido. Não vivemos num mundo de paz plena. *Existe graça em perceber o desequilíbrio e buscar voltar, muitas e muitas vezes.* O importante é aprender a identificar o desequilíbrio e retornar ao centro de si mesmo, tomar decisões conscientes.

Até a tristeza pode se tornar um vício.

Eu comecei a pensar sobre isso, a querer decidir por mim mesma; ser dona da minha vida e usufruir do meu livre-arbítrio. Entendi que ninguém é responsável pela minha felicidade além de mim mesma. *Sou eu quem decido!*

A minha existência estava ao avesso e não dava para voltar a ser como antes depois de experiências que mexeram tão profundamente com o meu íntimo. *Depois do fogo não há como voltar a ser como antes. E o Espírito Santo continua queimando em mim. Nasce uma nova Alice!*

Acredito que habita em todos nós a mais pura luz e também a escuridão. Temos o potencial de irradiar essa luz e, em alguns momentos, a ausência dela. Todos nós *carregamos brilhos e sombras.*

CAPÍTULO 3

A VIDA

É PRECISO OLHAR COM CARINHO PARA TRÁS

É preciso olhar para trás algumas vezes e ver tudo de maneiras diferentes.

Muitas fichas foram caindo aos poucos. Muitas chaves começaram a abrir novas portas que eu ignorava antes. Isso foi possível quando eu olhei com mais cuidado e vi tudo de forma diferente, pois é preciso olhar para trás com o filtro do perdão.

Mas é importante esclarecer que olhar para trás não significa permanecer presa ao passado, mas, sim, ressignificar experiências vividas e aprender ainda mais com elas, *com leveza. Cada um tem seu próprio processo...*

Olhar para trás também não significa remoer fatos que não podemos mudar, eles já pertencem ao passado. *Seria perda de tempo e saúde, o passado não nos pertence!*

Agora, o que dá para fazer e pode mudar tudo é olhar para trás com autocompaixão, perdão e gratidão. Isso nos ajuda a entender e a acolher com carinho coisas boas e ruins que aconteceram em nossas vidas e tornaram-se parte de nós. *Agora sim, está tudo bem!*

3.1 EXPERIMENTAR A LIBERDADE

Acho importante dividir aqui uma conquista.

Minha mãe ficou vinte e um anos casada com meu pai e quinze anos depois da separação meu pai faleceu. Quando eles se separaram, pelas circunstâncias de sofrimento e abuso que ela enfrentou, ela passou por uma espécie de luto, como se, ao abrir a gaiola, o passarinho não soubesse como voar e preferisse continuar lá dentro, mesmo com a portinha aberta. A prisão estava dentro dela. *Ela não conhecia a liberdade.*

É claro que ela arregaçou as mangas e aprendeu a viver por conta própria, a administrar o dinheiro, a pagar as contas, a cuidar do filho sozinha, mas esqueceu-se de sentir-se livre.

Ela acostumou-se a fazer o que a gente falava: "Mãe, vamos para Guriri comigo?"; "Mãe, me ajuda cuidar de Helena hoje?". Ela sempre tinha um lindo "sim" para oferecer. E desse modo nós passamos a conduzir a vida dela.

E nas pequenas experiências da vida surgem as maiores lições. *Preciso dividir!*

Um certo dia, ela apenas comunicou-me: "Filha, vou passar o fim de semana em Linhares, com a sua prima Fernanda!". "Bacana, mãe!". Acolhi na hora. *Mas estranhei profundamente.* Fernanda sempre com sua presença nos momentos mais marcantes.

Ela foi, passaram ótimos momentos juntas. Voltou feliz, contando do passeio e das coisas que tinham feito. Senti uma sensação que deve ser parecida como à que a mãe sente quando o filho sai de casa e começa a viver a própria vida. *Um friozinho na barriga. Que independente!*

E quando metabolizei a situação de forma mais ampla... caiu uma ficha: *o passarinho havia se permitido voar e vira como a liberdade é incrível! Minha mãe fênix!*

Fiquei tão orgulhosa! "Mãe, você percebe agora que é livre, meu amor? Pode fazer o que quiser". Quebramos um padrão. E eu decidi que eu também merecia ser livre. *Filha de passarinha, passarinha é.*

3.2 NÓS QUATRO

Formei minha própria família! *Uma conquista e tanto.*

Por eles e por mim mesma, desejo aproveitar ao máximo a oportunidade da presença, a caminhada. Tê-los comigo me lembra de que não preciso me sentir sozinha. É seguro caminhar junto!

Manter a família é uma meta que precisa ser trabalhada diariamente, com amorosidade e paciência. Não é um conto de fadas, como nos livros de fantasia. *Não mesmo. É a vida real.* E faz sentido para mim dividir os meus preciosos dias com essas pessoas que eu tanto amo, aprendendo e ensinando, rindo e chorando, mas sempre apreciando florir e aprendendo a brilhar.

Minha família permite-me experimentar minha humanidade, sentir na pele as minhas fraquezas e acolhê-las com muito amor. *Às vezes é preciso respirar fundo... (kkkkkk).* Mas todos os dias aprendemos a viver juntos. *E isso é grandioso!*

Eu não falhei, eu só estava aprendendo, esse foi o meu processo, que entendo ter sido fundamental para chegar até aqui. *Sinto minha alma abraçando-me por essas palavras. É uma vitória experimentar essa sensação. Consegui me perdoar!*

E ainda estou aprendendo e eu gosto disso. A cada dia disponho-me a conhecer-me melhor. *Estou tornando-me minha melhor amiga. Eu sou bem legal! Eu gosto de mim!*

Hoje consigo falar com tranquilidade o quanto eu gosto de cada célula do meu corpo e como sou grata pela luz que habita em mim e reluz em mim. *Antes eu pegava pesado comigo. Era só esculacho.*

Esse corpo que eu respeito e cuido hoje, antes era apenas usado. Eu dedico tempo e amor a ele agora. E como eu tenho imaginação fértil, converso com "as meninas", as minhas células. *Elas fazem um trabalho impecável!*

A consequência disso é simples. Agora me sinto bonita e saudável de verdade. *E se quiserem me julgar, beijinho no ombro! Brincadeira (rsrsrsrs).*

E isso me rejuvenesceu. As pessoas sempre falam: "Como você está bonita! O que anda fazendo?". *Fácil! Amando-me profundamente!*

Alinhei minha alma ao meu corpo e sinto minha espiritualidade em potência máxima na minha vida atualmente. E já quero ir além, pois sei que existe muito mais! Quero mergulhar ainda mais profundamente. Não há fim, a transformação vai até o último suspiro e além.

Quero explorar as possibilidades que surgirem, mas sem ansiedade, confiando na minha intuição e no plano do Criador de tudo que há. Já não confronto a Vida, estou disposta a confiar e a fazer a minha parte. *Chamo isso de fé.*

Existem altos e baixos nesse processo que estou vivendo. Algumas manhãs de neblina, alguns excessos evidentes, alguns momentos de descrença e ansiedade. *Será uma grande loucura da minha cabeça? Minha tendência de duvidar... Mas agora quero relaxar e acreditar.*

Confesso que algumas partes do caminho são complicadas de atravessar. Logo quero um atalho. Epa! Não é um atalho! Cuidado! É um desvio, linda. Então volta e começa de novo. Lança um novo olhar e começa a enxergar a verdade.

3.3 RELUZIR

Olhando para trás vejo meu pai de luz doente – *desculpe o termo, é pesado...* –, apodrecendo rapidamente, sendo consumido pelo câncer. Nesse cenário vejo que parecia apenas triste a oportunidade que tivemos. Muitas lembranças voltam para mim de vez em quando e me fazem sentir saudade... São desse pequeno intenso tempo da doença. *Mas foi um marco importante no meu processo de cura. Deus me atendeu porque em minhas orações eu pedia a cura!*

Deus escuta todas as orações sinceras. E se ficarmos em silêncio, os sinais vêm e sabemos as respostas. *Eu posso confiar!*

O obscuro não estava conosco nesse tempo, estávamos livres dele. E eu vi meu pai inteiramente luz... *Até me emociono.* Não foi apenas a transformação dele, foi também a minha. A doença que vivemos juntos foi a cura dele e parte da minha cura. Aprendemos juntos a reluzir. O pai de luz ensinou-me muito!

Foi uma entrega de mão dupla. Eu dei, mas recebi muito mais do que poderia imaginar. Minha fé deu um salto quântico. Eu já não tinha como viver como antes. Como se uma janela se abrisse para mim e eu enxergasse tudo por essa abertura de luz. *Acordei de um sono profundo.*

Entendi que eu precisei afastar-me dele para que ele pudesse partir. A nossa ligação tornou-se um vínculo que estava dificultando sua partida. Muitas coisas ele fez por mim e não apenas por si próprio. *Que massa, né?! Pensar assim acalma meu coração. Sinto orgulho do meu pai!*

Entendi que a mão que ele devia segurar durante a partida era a do meu irmão, o filho que ele, com palavras vãs, muitas vezes havia renegado. Aliás, o obscuro tinha renegado. Meu pai de luz precisava desse perdão. Rafael precisava viver esse momento só deles. *Resolvido!*

3.4 NÃO É O FIM

Esse não é o fim. Eu diria que é o meio, o desenvolvimento... a estrada evolutiva, o caminho! Sei que outras chaves virarão e ainda há muito mais para ver. Até o último suspiro traz uma descoberta final. *Eu creio! Há muito a descobrir depois da última colina.*

Entendi que a sabedoria divina é perfeita e sem erros. *Falta-nos mais confiança, esperança... Esperar com confiança!*

A fé é demonstração de confiança. O perdão liberta-nos dos pesos que carregamos sem necessidade. Existe perfeição no imperfeito porque, juntos, completamo-nos, aprendemos uns com os outros.

Cada lição a seu tempo e eu quero aprender ainda mais. *A vida pode nos oferecer tanto... É lindo viver!*

E quando você entende o que quer, o mundo conspira para as certezas do seu coração, pois já estavam plantadas lá mesmo antes de você tomar consciência delas.

Desde criança eu falava que seria professora e hoje, mesmo não estando em sala de aula, meus alunos de outros tempos ainda me falam: "Oi, professora". Lembro-me bem de que eu falava também: "Vou escrever livros". E olha a minha ousadia de agora, aqui, escrevendo sem parar sobre meu íntimo.

E para tentar não me perder mais no caminho que estou trilhando e desbravando a cada novo dia, eu tenho um sábio mestre que me guia, Jesus. *Obrigada, bom mestre!*

Algumas vezes fico desconfiada, eu vacilo, então pergunto a ele: *Senhor, é seguro? Se não for, tire-me dessa roubada! Meu escudo é intransponível! Sinto-me segura.*

Por nossas próprias escolhas passamos por situações que vão e voltam até internalizarmos no coração o que precisa ser aprendido. *Escolha bem seu guia nessa jornada.*

Hoje sinto-me uma queridinha de Deus! Não sou melhor do que ninguém, mas tive o privilégio, ainda nesta vida, de lembrar-me do precioso amor de Deus por mim. Entender é diferente de sentir. Agora eu entendo e sinto: "Amai o teu próximo como a ti mesmo".

Após essa reconciliação comigo mesma começo a ver as pessoas como livros em uma biblioteca – alguns ficam na mesma prateleira, outros mais distantes; alguns têm muitas páginas e outros são fininhos; mas cada um traz o seu ensinamento, e todos são diferentes! E como um sábio já disse: "Não julgue um livro pela capa". Quando eu olho para uma pessoa sei que o que eu vejo é apenas uma parte dela, há muito mais que a compõe. E tento não julgar ninguém, pois cada um tem o seu próprio processo.

Eu já disse isso antes e volto a dizer: é preciso olhar para trás, experimentando uma sensação diferente, um olhar de compaixão para a própria história, para dar passos mais seguros para frente e enxergar um futuro de luz.

Entendi que o grande amor que me salvaria da dor era o amor genuíno por mim mesma e agora me sinto mais preparada para amar os outros. *Estou pronta para brilhar! Minha fênix quer voar cada vez mais alto e conquistar o céu. Isso já estava no meu íntimo desde criança. Deus plantou essa luz no meu coração, pois todos nós nascemos para brilhar.*

Nossas sombras podem trazer crescimento, nossas dores podem trazer ensinamentos e nossas decisões têm o poder de mudar a nossa história! *Isso faz sentido!*

Certa de que minha energia do bem vibra em cada sentimento transformado em palavra e alinhada à minha missão de vida desejo ajudar as pessoas. Espero que esse aconchego chegue até você e multiplique-se! *Foi plantada uma semente.*

Por fim, desejo dividir a minha oração de amor:

Aceito brilhar a luz do Criador em mim e aceito as sombras que se formam aos meus pés e acompanham-me como parte de mim. Acolho minhas inúmeras faces que me ajudam a evoluir durante a minha caminhada, e tudo bem ser assim.

Eu entrego a minha confiança em Deus! E agradeço! Obrigada!